Internet : c'est foutu.
Et alors ...

.

Henri CESTIA

Internet : c'est foutu.

Et alors …

© 20XX Henri CESTIA
Édition : BoD – Books on Demand, info@bod.fr
Impression : BoD – Books on Demand, In de Tarpen 42,
Norderstedt (Allemagne)
Impression à la demande

ISBN : 978-2-3221-3894-4
Dépôt légal : mars 2023

1 - Introduction

Mes premiers instruments de travail ont été le papier, la gomme et le crayon et parfois aussi, je dois l'avouer, la paire de ciseaux et la colle... Ma vie professionnelle s'est terminée avec un unique outil : un ordinateur portable. Devant un tel chemin parcouru il est difficile de ne pas avoir le vertige. Peut-on croire aujourd'hui que c'est avec un simple crayon et du papier - c'était avant l'arrivée des premiers micro-ordinateurs - qu'au sein de la Direction Générale des Télécommunication (DGT) j'ai contribué à la construction des premiers réseaux téléphoniques numériques !

Les premiers réseaux téléphoniques numériques ont été remplacés par des réseaux qui utilisent aujourd'hui largement l'internet. Ce qui était la fierté de la France et de nos ingénieurs n'est plus aujourd'hui qu'une page d'histoire. L'invention du PC, et plus généralement du micro-ordinateur, est la rupture technologique qui a balayé et ringardisé à une vitesse inattendue les anciennes techniques informatiques. L'émergence du micro-ordinateur s'est faite dans un contexte sociologique et culturel qui explique vraisemblablement les difficultés rencontrées actuellement par les opérateurs téléphoniques pour le financement de la croissance des infrastructures nécessaires à l'écoulement du trafic internet.

Pour autant, c'est sans nostalgie aucune que je vais essayer d'expliquer cette formidable révolution et, pour céder à la mode actuelle, je vais utiliser le plus possible ce que l'on désigne à tort en France par l'expression « *Intelligence Artificielle* » (IA). Précision importante, les textes issus de l'application IA Chat GPT sont dans les pages qui suivent présentés dans des paragraphes encadrés.

L'expression « *intelligence artificielle* » est une mauvaise traduction du terme « *inteligence* » qui fait référence dans les langues anglo-saxonnes au concept de renseignement. Le « National Inteligence » des Etats-Unis relèverait chez-nous des renseignements généraux ! Ainsi, l'IA permet d'utiliser efficacement cette formidable encyclopédie des connaissances que constituent les sites internet présents sur la toile. Un moteur de recherche comme Google donne seulement des liens vers des sites qui répondent à la question posée. L'application Chat GPT[1] va plus loin en proposant un texte de synthèse des sites trouvés.

Les techniques informatiques de compréhension du sens d'un texte - dont j'avais pu voir il y a 40 ans déjà les premiers balbutiements qui m'avaient été présentés par un ingénieur chercheur du CNRS - sont maintenant matures pour être mises en œuvre efficacement dans l'outil d'IA que je vais donc utiliser pour éviter la rédaction de longs développements descriptifs.

L'IA n'est donc pas l'auteur de ce livre mais mon simple assistant. L'IA est encore loin, très loin, de pouvoir remplacer l'homme, si jamais elle y arrivait un jour...

---

[1] chat.openai.com

2 - La guerre du Vietnam et le mouvement hippies

Il faut commencer par le commencement. La rupture importante entre les techniques informatiques qui se sont développées après la deuxième guerre mondiale s'est produite dans les années 70. Cette révolution a été fortement influencée par un mouvement de pensée très présent dans la jeunesse américaine, le mouvement hippies dont la caractéristique principale était de rejeter les normes sociales habituelles. C'est ainsi que se sont fortement développés les logiciels gratuits instillant l'idée qu'une société sans commerce marchand était possible. Cette idée folle a eu une forte influence sur l'évolution des techniques informatiques à partir des années 1970.

Guerre du Vietnam et hippies

La guerre du Vietnam a eu un impact significatif sur la culture et la société américaines dans les années 1960 et 1970, notamment en ce qui concerne le mouvement hippie.

Le conflit au Vietnam a commencé en 1955 et a suscité une opposition croissante de la part de la population américaine au cours des années suivantes, en grande partie en raison du nombre croissant de morts et de blessés parmi les soldats américains. Les hippies, qui prônaient la paix et l'amour, ont été particulièrement critiques à l'égard de la guerre et ont organisé des manifestations et des sit-ins pour exprimer leur opposition.

Les hippies ont également adopté un mode de vie alternatif qui rejetait les normes sociales traditionnelles de l'époque, avec des vêtements colorés et excentriques, des cheveux longs, une musique rock psychédélique et une consommation de drogues récréatives. Beaucoup ont choisi de vivre dans des communautés, souvent dans des zones rurales isolées, où ils pouvaient se consacrer à des pratiques alternatives telles que la méditation, le yoga et l'écologie.

Les hippies ont également joué un rôle important dans la contre-culture qui a émergé dans les années 1960, avec des influences allant de la littérature beatnik à la musique populaire. Leur critique de la guerre, de la société de consommation et des normes sociales rigides a contribué à façonner une vision alternative de la société et à influencer des mouvements sociaux tels que le féminisme, les droits civiques et la protection de l'environnement.

En fin de compte, la guerre du Vietnam a eu un impact profond sur la société américaine et a contribué à façonner une période de changement social et culturel sans précédent. Les hippies, avec leur rejet des normes sociales traditionnelles et leur recherche de la paix et de l'amour, ont été un élément clé de ce mouvement.

Hippies et industrie du logiciel

Les hippies ont également eu un impact significatif sur l'industrie du logiciel dans les années 1970 et au-delà. En effet, de nombreux pionniers de l'informatique et de l'industrie du logiciel étaient des hippies qui avaient adopté une philosophie de vie alternative et cherchaient à appliquer cette façon de penser dans leur travail.

Ces pionniers ont souvent travaillé dans des environnements informels, tels que des communautés de hackers et des groupes de programmeurs indépendants, où ils ont pu expérimenter avec de nouvelles idées et des approches non conventionnelles pour résoudre des problèmes informatiques.

Le mouvement hippie a également influencé la culture d'entreprise de l'industrie du logiciel. Les entreprises de logiciels ont adopté une culture d'entreprise décontractée, avec des horaires de travail flexibles, des vêtements décontractés et des espaces de travail informels. Les valeurs de collaboration, d'ouverture et de transparence qui étaient chères aux hippies ont également été adoptées dans de nombreuses entreprises de logiciels.

En outre, les hippies ont également contribué à façonner l'approche de l'industrie du logiciel en matière de propriété intellectuelle. De nombreux pionniers de l'informatique étaient des défenseurs de l'open source et croyaient que le code informatique devrait être librement disponible pour tous. Cette approche a conduit à la création de logiciels open source, tels que Linux et Apache, qui sont aujourd'hui largement utilisés dans le monde entier.

En somme, le mouvement hippie a eu un impact significatif sur l'industrie du logiciel, en contribuant à façonner la culture d'entreprise, l'approche en matière de propriété intellectuelle et les méthodes de travail.

3 - Micro-Ordinateur

L'invention du micro-ordinateur a été une rupture technologique capitale sans laquelle l'émergence de cette nouvelle informatique qui a permis beaucoup plus tard la numérisation de la société n'aurait pas été possible. Suivant un schéma assez classique dans l'industrie ; le nombre important d'acteurs et d'entreprises présents au démarrage s'est rapidement réduit.

On retient aujourd'hui de cette période deux acteurs qui ont amassé des fortunes considérables et ont permis l'usage de l'informatique dans l'ensemble de la société ; il s'agit de Bill Gates et Steve Jobs, pour Microsoft et Apple. On observe que le développement de cette nouvelle informatique a été fortement influencé par la culture hippies, notamment pour l'entreprise Apple.

L'invention du micro-ordinateur

L'invention du micro-ordinateur est le fruit de plusieurs innovations technologiques et d'un ensemble de facteurs économiques, sociaux et culturels. Bien que les premiers ordinateurs aient été créés dès les années 1940, ils étaient énormes, coûteux et réservés à des usages militaires ou scientifiques.

Dans les années 1970, des ingénieurs et des entreprises ont commencé à concevoir des ordinateurs plus petits et plus abordables, notamment grâce aux progrès dans la fabrication de semi-conducteurs et de circuits intégrés. En 1971, Intel a lancé son premier microprocesseur, le 4004, qui a permis de créer des ordinateurs plus petits et moins coûteux.

En 1975, l'entreprise américaine MITS a lancé le premier ordinateur personnel (PC), le Altair 8800, qui fonctionnait avec un microprocesseur Intel 8080. Ce fut un succès commercial et de nombreux amateurs d'informatique ont commencé à construire et à améliorer des ordinateurs personnels à partir de kits et de pièces détachées.

En 1976, Steve Wozniak et Steve Jobs ont créé l'Apple I, un ordinateur personnel plus convivial et plus facile à utiliser que le Altair. L'année suivante, ils ont fondé Apple Computer, qui a connu un énorme succès avec l'Apple II, lancé en 1977. L'Apple II a popularisé l'ordinateur personnel auprès du grand public, notamment grâce à la commercialisation de logiciels et de jeux vidéo.

D'autres entreprises ont également lancé des ordinateurs personnels dans les années 1970 et 1980, comme Commodore, Atari et IBM. IBM a lancé son premier PC en 1981, qui est rapidement devenu un standard de facto pour les ordinateurs personnels.

En résumé, l'invention du micro-ordinateur est le fruit d'un ensemble de facteurs technologiques, économiques et culturels, qui ont permis de concevoir des ordinateurs plus petits, moins coûteux et plus faciles à utiliser. Les pionniers de l'informatique, comme MITS, Apple et IBM, ont joué un rôle clé dans la popularisation de l'ordinateur personnel auprès du grand public.

Les fondateurs d'Apple

Les fondateurs d'Apple sont Steve Jobs, Steve Wozniak et Ronald Wayne.

Steve Jobs est largement considéré comme le visionnaire et le chef de file de la société. Il a cofondé Apple en 1976 avec Steve Wozniak et Ronald Wayne. Jobs était le responsable de la direction de la société et a lancé des produits emblématiques tels que le Macintosh, l'iPod, l'iPhone et l'iPad.

Steve Wozniak, souvent appelé "Woz", était l'ingénieur principal d'Apple. Il a conçu et construit les premiers ordinateurs Apple avec Jobs, y compris l'Apple I et l'Apple II, qui ont connu un grand succès commercial.

Ronald Wayne a également cofondé Apple en 1976 avec Jobs et Wozniak, mais a rapidement vendu sa part de l'entreprise pour seulement 800 dollars. Wayne est surtout connu pour avoir conçu le premier logo d'Apple et pour avoir rédigé le premier contrat de société d'Apple.

En somme, Steve Jobs et Steve Wozniak sont les fondateurs clés d'Apple, avec Ronald Wayne qui a également participé à la création de l'entreprise, mais a quitté rapidement après sa création.

Bill Gates et les hippies

Bill Gates et les hippies ont eu des interactions dans le passé, mais leurs idéologies et styles de vie étaient très différents.

Dans les années 1970, Bill Gates a étudié à Harvard et a été exposé à la contre-culture hippie qui préconisait l'usage de drogues, l'antimilitarisme, le pacifisme et le rejet des institutions traditionnelles. Gates a admis avoir essayé de la marijuana pendant cette période, mais il a finalement rejeté la culture hippie et s'est concentré sur ses études en informatique.

Plus tard, dans sa carrière, Gates a été impliqué dans des initiatives de philanthropie et de développement durable qui peuvent être considérées comme ayant des similitudes avec les valeurs hippies, comme la promotion de l'éducation et de la santé dans les pays en développement et la protection de l'environnement.

Cependant, les hippies ont souvent critiqué l'industrie informatique et les grandes entreprises comme Microsoft pour leur contribution à la société de consommation et leur manque de préoccupation pour l'environnement. Par conséquent, bien que Gates et les hippies puissent avoir des points de vue similaires sur certains sujets, ils ont des différences significatives dans leur approche de la vie et de la société.

Stéve jobs et les hippies

Steve Jobs a eu des liens étroits avec la contre-culture hippie dans les années 1970, et cela a influencé sa vision de la vie et des affaires.

En tant que jeune adulte, Jobs a voyagé en Inde et a été initié à la méditation, une pratique courante chez les hippies. Il a également été impliqué dans la scène hippie de la baie de San Francisco, fréquentant des festivals de musique et des manifestations politiques.

Jobs a également été influencé par la philosophie du design de l'entreprise Braun, qui prônait la simplicité, la fonctionnalité et la beauté. Cette approche a influencé la conception de produits Apple, qui mettent l'accent sur la simplicité et l'élégance.

L'approche de Jobs envers la technologie a également été influencée par la contre-culture hippie. Il a cherché à démocratiser l'informatique et à la rendre accessible à tous, en créant des ordinateurs personnels abordables qui pouvaient être utilisés par des gens ordinaires.

En fin de compte, la vision de Jobs pour Apple était d'utiliser la technologie pour améliorer la vie des gens et de faire du monde un endroit meilleur. Cette vision était en phase avec les idéaux hippies de paix, d'amour et de liberté, bien qu'il ait également été critiqué pour son approche commerciale et capitaliste.

En somme, bien que Steve Jobs n'ait pas été un hippie au sens strict du terme, il a été influencé par la culture et les idéaux hippies, ce qui a contribué à façonner sa vision de la vie et de l'entreprise

4 - L'internet

Le protocole TCP/IP (Transmission Control Protocol/Internet Protocol) est toujours utilisé aujourd'hui dans le réseau internet. Il a été inventé en 1960, bien avant l'émergence de cette nouvelle informatique décrite précédemment. Cependant ce premier réseau nommé ARPANET qui utilisait ce protocole a véritablement pris son envol à partir de 1990 où son nom est devenu internet.

L'internet grand public a donc bénéficié pour la croissance de son usage du développement et de l'appropriation par le grand public de l'usage des micro-ordinateurs.

A partir de 1990 l'usage et les infrastructures le supportant ont considérablement augmenté. Les opérateurs de réseau ont donc du consentir des investissements importants pour pouvoir écouler le trafic dans des conditions acceptables par les usagers.

Invention du réseau Internet

Le réseau Internet a été développé à partir des années 1960 dans le cadre d'un projet de recherche financé par le gouvernement américain appelé ARPANET (Advanced Research Projects Agency Network). ARPANET a été créé en 1969 pour permettre à des chercheurs de différents endroits de communiquer et de partager des ressources informatiques.

Le protocole de communication utilisé sur ARPANET était appelé TCP/IP (Transmission Control Protocol/Internet Protocol), qui est toujours utilisé comme base pour les communications sur Internet aujourd'hui.

Au fil du temps, ARPANET a évolué pour devenir le réseau Internet que nous connaissons aujourd'hui. D'autres réseaux ont été interconnectés à ARPANET, et le nombre

---

d'utilisateurs a considérablement augmenté. Dans les années 1990, l'avènement du World Wide Web a entraîné une explosion de l'utilisation d'Internet, transformant ce qui était auparavant un réseau de recherche en un réseau mondial de communication et de commerce.

Il est important de noter que bien que l'ARPANET et ses successeurs aient été développés aux États-Unis, Internet est devenu un réseau mondial grâce à la collaboration internationale et à la standardisation des protocoles de communication. Aujourd'hui, Internet est utilisé par des milliards de personnes à travers le monde pour communiquer, partager des informations et accéder à une variété de services en ligne.

Micro ordinateur et réseau Internet

Les micro-ordinateurs ont joué un rôle important dans le développement du réseau Internet, car ils ont permis à un plus grand nombre de personnes d'accéder au réseau et de créer du contenu en ligne.

Dans les années 1970 et 1980, les micro-ordinateurs tels que le Apple II et le Commodore PET ont permis aux utilisateurs de créer du contenu numérique à petite échelle, notamment des programmes et des jeux. Au fil du temps, les micro-ordinateurs sont devenus plus puissants et plus abordables, permettant à un plus grand nombre de personnes de créer et de partager du contenu en ligne.

Le développement du réseau Internet a également été influencé par les micro-ordinateurs, car ils ont permis l'émergence de communautés en ligne et de forums de discussion, qui ont joué un rôle clé dans la création d'Internet. Les premiers protocoles de communication sur Internet, tels que le protocole TCP/IP, ont été développés pour permettre aux utilisateurs de différents types de micro-ordinateurs de communiquer entre eux.

Les micro-ordinateurs ont également permis l'essor des Fournisseurs de Services Internet (FSI), qui ont offert des services de connectivité Internet à des particuliers et des entreprises. Les FSI ont contribué à la croissance du réseau

Internet en offrant un accès facile et abordable à Internet pour un plus grand nombre de personnes.

En somme, les micro-ordinateurs ont joué un rôle important dans le développement du réseau Internet, en permettant à un plus grand nombre de personnes de créer et de partager du contenu en ligne, et en contribuant à l'émergence des communautés en ligne et des fournisseurs de services Internet.

Internet et le mouvement hippies

Le mouvement hippie est un mouvement culturel et social qui a émergé dans les années 1960, à une époque où les idées de liberté, de communauté et de contre-culture étaient en vogue. À bien des égards, le mouvement hippie a été façonné par l'émergence de la contre-culture, qui a été favorisée en partie par la diffusion de la culture populaire à travers les médias de masse, tels que la télévision, la radio et les magazines.

Internet, en tant que réseau de communication mondial, n'a été développé que dans les années 1960 et 1970, et n'était pas encore largement disponible ou connu par les hippies lorsqu'ils ont commencé à se rassembler en communauté. Cependant, l'arrivée de l'Internet dans les années 1990 a ouvert de nouvelles possibilités pour les personnes qui partagent des idées et des valeurs communes de se connecter et de communiquer entre elles.

De nos jours, il est possible de trouver des communautés en ligne qui partagent des idéaux hippies et qui se connectent pour échanger des idées, partager de l'art, de la musique et des techniques de vie alternative. Il existe également de nombreux sites web et plateformes de réseaux sociaux dédiés à la culture hippie, qui permettent aux personnes de partager des informations, de se connecter et de se rassembler virtuellement.

En somme, même si l'émergence de l'Internet n'a pas joué un rôle direct dans la naissance du mouvement hippie, il a certainement offert de nouvelles possibilités pour la communauté hippie de se connecter et de partager ses idées et valeurs avec un public plus large.

Croissance des infrastructure du réseau Internet depuis 1990

Depuis les années 1990, les infrastructures du réseau Internet ont connu une croissance rapide et continue, avec des améliorations constantes de la vitesse, de la capacité et de la qualité de service. Voici quelques-unes des principales évolutions :

La bande passante : la capacité des réseaux à transmettre des données a considérablement augmenté. Les réseaux à haut débit comme la fibre optique et la 4G ont remplacé les réseaux à bas débit comme l'ADSL, offrant une vitesse de connexion beaucoup plus rapide.

Les centres de données : les centres de données sont des installations qui stockent et traitent des données pour les utilisateurs d'Internet. Ils sont devenus beaucoup plus grands et sophistiqués au fil du temps, avec des technologies comme le cloud computing qui permettent aux utilisateurs d'accéder à des services et des applications en ligne sans avoir à les stocker localement.

La mobilité : l'utilisation de dispositifs mobiles pour accéder à Internet est devenue de plus en plus populaire, avec des réseaux mobiles à haut débit comme la 4G et la 5G qui permettent des connexions rapides et fiables.

La sécurité : avec la croissance du nombre d'utilisateurs d'Internet, la sécurité est devenue une préoccupation majeure. Les protocoles de sécurité tels que SSL (Secure Socket Layer) et TLS (Transport Layer Security) ont été développés pour sécuriser les communications en ligne, tandis que les logiciels antivirus et les pare-feux ont été mis en place pour protéger les ordinateurs et les réseaux contre les attaques malveillantes.

L'Internet des Objets (IoT) : les objets connectés sont devenus de plus en plus courants, avec des millions d'appareils tels que des capteurs, des caméras de sécurité, des thermostats et des appareils électroménagers connectés à Internet. Cette évolution a nécessité la mise en place d'infrastructures pour connecter ces objets et gérer les données qu'ils produisent.

Dans l'ensemble, la croissance des infrastructures du réseau Internet depuis les années 1990 a été remarquable, offrant une connectivité et une accessibilité inégalées à travers le monde. Cependant, cette croissance a également créé des défis en matière de sécurité, de confidentialité et de gestion des données, qui continuent d'être des préoccupations majeures pour les utilisateurs d'Internet et les entreprises qui en dépendent.

5 - L'UE et Internet

Il est paradoxal de constater que le réseau internet, malgré son succès et la croissance extraordinaire de son usage, nécessite toujours et encore des financements publics pour assurer son équilibre économique. Les conditions de la naissance de ce réseau dans des entreprises qui prônaient l'émergence d'une société en rupture avec les valeurs traditionnelles, et notamment celles du monde des entreprises, expliquent vraisemblablement cette fragilité. On peut aussi aisément faire le lien entre cette fragilité économique et la gratuité des services offerts ou vendus pour un prix forfaitaire qui ne prend pas en compte l'intensité de l'usage donc des coûts de l'opérateur (FSI Fournisseur de Service internet). Ainsi le rêve fou des hippies d'une société sans commerce marchand ne semble pas pouvoir se réaliser puisque l'internet a besoin de la béquille de nos impôts pour survivre.

Il est tout aussi paradoxal de constater que l'explosion de l'usage de l'internet est écologiquement catastrophique. Le secteur numérique est responsable de 3,7% des émissions de gaz à effet de serre dans le monde, soit plus que les émissions de l'aviation internationale. Ainsi se pose la question du financement public de la croissance de ce réseau, de son utilité ou de son inutilité. Et ce d'autant plus qu'il convient aussi d'observer que ces financements publics ont permis aux propriétaires de GAFA d'amasser grâce à internet des fortunes considérables.

Les technologies numériques appartiennent à un domaine technique où l'on observe des augmentations de puissances des équipements qui s'accompagnent le plus souvent d'une baisse de prix de ceux-ci.

Il semble donc urgent pour toutes ces raisons d'engager dans les instances politiques européennes, notamment au sein de la commission européenne dont Thiery Breton est le commissaire, une réflexion approfondie sur le modèle économique d'internet.

UE et financement des infrastructures internet en 2022 et 2023

En 2022 et 2023, l'Union européenne (UE) continuera de mettre en place des mesures visant à financer le déploiement et l'amélioration des infrastructures internet dans ses États membres.

Le principal instrument de financement de l'UE dans ce domaine est le Fonds européen pour la transition énergétique (FET), qui a été créé pour aider les pays de l'UE à réaliser leur transition vers une économie à faible émission de carbone et à améliorer leur efficacité énergétique. Le FET allouera des fonds à des projets d'infrastructures numériques durables, y compris ceux qui visent à améliorer la connectivité Internet dans les zones rurales et éloignées.

En outre, l'UE a également lancé un plan d'investissement de 750 milliards d'euros, appelé "NextGenerationEU", pour soutenir la reprise économique après la pandémie de COVID-19. Ce plan comprend des fonds pour les investissements dans les infrastructures numériques, qui devraient aider à accélérer le déploiement de la 5G et à améliorer la couverture Internet dans les zones mal desservies.

Enfin, l'UE a également proposé une initiative appelée "Connecter l'Europe" (Connecting Europe Facility, CEF), qui vise à améliorer la connectivité numérique à travers l'Europe en soutenant des projets de déploiement de la 5G, de fibre optique, de centres de données et d'autres infrastructures. Cette initiative devrait également continuer à financer des projets de recherche et d'innovation dans le domaine de la technologie Internet.

En ce qui concerne l'Union européenne (UE) et le financement des infrastructures internet en 2022 et 2023, il y a plusieurs initiatives en cours pour soutenir la connectivité numérique dans toute l'Europe.

Tout d'abord, le plan de relance de l'UE pour l'après-COVID-19, connu sous le nom de NextGenerationEU, prévoit un financement important pour la numérisation, y compris les infrastructures de connectivité. Dans le cadre de ce plan, l'UE prévoit de dépenser environ 134 milliards d'euros pour la transformation numérique de l'Europe, dont une partie importante sera consacrée aux infrastructures de connectivité.

En outre, l'UE a également annoncé un autre programme appelé le Fonds pour une transition juste, qui prévoit de financer des projets de transition numérique dans les régions les plus touchées par la transition économique et environnementale. Ce fonds est doté d'une enveloppe de 17,5 milliards d'euros pour la période 2021-2027, et une partie de ce financement sera destinée à la numérisation des infrastructures de connectivité.

Croissance de la consommation énergétique du réseau internet depuis 1990

La croissance de la consommation énergétique du réseau internet depuis 1990 a été très importante. En effet, avec l'explosion de l'utilisation de l'internet, de plus en plus de données sont échangées chaque jour, ce qui nécessite une augmentation constante de l'infrastructure informatique et des serveurs pour stocker et traiter ces données.

Selon une étude de l'Agence Internationale de l'Énergie (AIE) publiée en 2020, la consommation d'énergie de l'ensemble du secteur numérique, y compris l'internet, a augmenté de 9% par an depuis 2010, et représente environ 4% de la consommation mondiale d'énergie.

De plus, l'augmentation de l'utilisation de l'internet est accompagnée d'une augmentation des émissions de gaz à effet de serre. Selon la même étude de l'AIE, le secteur numérique est responsable de 3,7% des émissions de gaz à effet de serre dans le monde, soit plus que les émissions de l'aviation internationale.

Les entreprises technologiques travaillent actuellement à améliorer l'efficacité énergétique de leurs centres de données et de leurs infrastructures pour réduire l'impact environnemental de l'utilisation de l'internet. Cela peut inclure l'utilisation de sources d'énergie renouvelable telles que l'énergie solaire ou éolienne, l'optimisation des systèmes de refroidissement et des équipements informatiques, et la mise en place de politiques d'efficacité énergétique pour encourager les utilisateurs à utiliser l'internet de manière plus responsable.

La fortune des propriétaires des GAFA

Les propriétaires des GAFA, qui sont Google, Apple, Facebook et Amazon, ont une fortune colossale. En 2021, selon Forbes, les quatre PDG des GAFA se classent parmi les dix premiers milliardaires de la planète.

Le fondateur et PDG d'Amazon, Jeff Bezos, est l'homme le plus riche du monde, avec une fortune estimée à plus de 177 milliards de dollars en 2021. Mark Zuckerberg, fondateur de Facebook, possède une fortune estimée à plus de 114 milliards de dollars. Le PDG d'Alphabet, la maison mère de Google, Sundar Pichai, a une fortune estimée à plus de 1,3 milliard de dollars, tandis que le PDG d'Apple, Tim Cook, possède une fortune estimée à plus de 1,5 milliard de dollars.

Ces chiffres impressionnants mettent en lumière la croissance rapide et la domination des entreprises technologiques dans l'économie mondiale, ainsi que la concentration de la richesse dans les mains d'une poignée de personnes. Cependant, il convient de noter que ces fortunes sont souvent constituées d'actions détenues par les PDG, qui peuvent fluctuer en fonction des performances de l'entreprise, et que les impôts et les taxes peuvent également réduire le montant net de leur richesse.

La loi de diminution du prix/puissance des microprocesseurs

La loi de diminution du prix/puissance des microprocesseurs est également connue sous le nom de "loi de Moore". Elle a été formulée en 1965 par Gordon Moore, cofondateur de la société Intel.

La loi de Moore stipule que le nombre de transistors sur une puce de silicium double tous les deux ans, ce qui conduit à une augmentation exponentielle de la puissance de traitement et une diminution correspondante du coût des processeurs.

Cette loi a été observée de manière assez régulière depuis son énoncé initial, avec quelques ralentissements temporaires au fil des ans. Cependant, elle est devenue de plus en plus difficile à maintenir à mesure que les transistors ont atteint des tailles atomiques, rendant plus difficile la fabrication de processeurs de plus en plus petits.

Néanmoins, les fabricants de processeurs continuent d'innover pour augmenter la puissance de traitement tout en maintenant des coûts raisonnables. Les développements actuels incluent des technologies telles que les processeurs multi-cœurs, l'intelligence artificielle, la réalité virtuelle, la blockchain, l'informatique quantique, entre autres.

Le modèle économique de l'internet

Le modèle économique de l'internet est un ensemble de mécanismes et de pratiques commerciales qui permettent de générer des revenus à partir de l'utilisation de l'internet. Le modèle économique de l'internet repose sur plusieurs piliers, notamment :

La publicité en ligne : les entreprises peuvent acheter de l'espace publicitaire sur des sites web, des réseaux sociaux, des moteurs de recherche, etc., pour atteindre des clients potentiels.

Le commerce électronique : les entreprises peuvent vendre des biens et des services directement en ligne, sans avoir besoin d'un magasin physique.

Les abonnements et les services payants : les entreprises peuvent proposer des services en ligne payants, tels que des abonnements à des services de streaming de musique ou de vidéo, des applications payantes, etc.

Les données personnelles : les entreprises peuvent collecter et exploiter les données personnelles des utilisateurs pour cibler les publicités ou améliorer leurs produits et services.

Les partenariats et les programmes d'affiliation : les entreprises peuvent établir des partenariats avec d'autres entreprises ou proposer des programmes d'affiliation pour promouvoir leurs produits ou services auprès d'un public plus large.

Il est important de noter que le modèle économique de l'internet est en constante évolution, et que de nouvelles pratiques commerciales peuvent apparaître à mesure que les technologies évoluent et que les comportements des consommateurs changent.

Financement public et privé de l'internet

Le financement de l'internet peut provenir de sources publiques et privées.

Le financement public peut être utilisé pour soutenir le développement de l'infrastructure de l'internet, telle que les réseaux de fibre optique, les satellites de communication, les centres de données, etc. Les gouvernements peuvent également soutenir la recherche et le développement dans le domaine de l'internet, ainsi que la formation de professionnels qualifiés pour travailler dans l'industrie de l'internet. Les subventions, les crédits d'impôt et les programmes de prêts peuvent également être utilisés pour soutenir les start-ups technologiques.

Le financement privé de l'internet provient souvent de sociétés privées, de capital-risque, de fonds d'investissement et d'investisseurs individuels qui investissent dans des start-ups technologiques ou des entreprises de technologie établies. Les entreprises technologiques peuvent également générer des revenus grâce à la publicité en ligne, le commerce électronique, les services d'abonnement, les données personnelles, etc. Les entreprises technologiques peuvent également vendre des actions sur les marchés publics pour lever des fonds supplémentaires.

En résumé, le financement public et privé sont tous deux importants pour soutenir l'infrastructure de l'internet et stimuler l'innovation dans l'industrie technologique. Le financement public peut être utilisé pour des projets à long terme et pour soutenir la recherche et le développement, tandis que le financement privé est souvent utilisé pour des investissements à court terme dans des entreprises technologiques prometteuses.

De l'utilité et de l'inutilité des services de l'internet

Les services d'Internet ont radicalement changé la façon dont nous vivons, travaillons, communiquons et consommons de l'information. L'internet offre une multitude de services utiles, tels que :

Les services de communication tels que le courrier électronique, les messageries instantanées, la vidéoconférence, les réseaux sociaux, etc. qui nous permettent de communiquer et de rester en contact avec nos proches, nos amis, nos collègues de travail, nos clients, etc.

Les services de recherche en ligne qui nous permettent d'accéder à des informations sur presque n'importe quel sujet.

Les services de streaming vidéo et de musique, tels que YouTube, Netflix, Spotify, etc. qui nous permettent de regarder des films, des émissions de télévision, d'écouter de la musique, des podcasts, etc.

Les services de vente en ligne tels qu'Amazon, eBay, Alibaba, etc. qui nous permettent de faire des achats en ligne, de comparer les prix et de trouver des produits difficiles à trouver dans les magasins physiques.

Cependant, les services de l'internet peuvent également être considérés comme inutiles ou même nuisibles si utilisés de manière excessive ou inappropriée. Par exemple :

Les réseaux sociaux peuvent devenir une source d'informations erronées, de harcèlement en ligne, de cyberintimidation et de dépendance aux médias sociaux.

La surconsommation de services de streaming peut entraîner une sédentarité excessive, une diminution de la vie sociale et des interactions humaines en face à face.

La consommation excessive d'informations en ligne peut entraîner une saturation d'informations, une surcharge cognitive et un stress.

Les jeux en ligne peuvent devenir addictifs et entraver le travail ou les études.

En résumé, les services d'Internet peuvent être très utiles pour améliorer notre qualité de vie, mais il est important de les utiliser de manière équilibrée et de savoir contrôler leur utilisation pour éviter les effets négatifs.

6 - Les propositions de Thierry Breton commissaire européen

T hierry Breton propose ni plus ni moins d'augmenter le financement public d'internet. Si nous conservons ce modèle économique désastreux nous allons dans le mur mais avec Thierry Breton nous y allons plus vite en en klaxonnant de joie ! Point n'est besoin de démontrer la fragilité d'un secteur économique qui sur une longue période bénéficie de subventions publiques.

Chat échaudé craint l'eau froide ! Nous devrions nous souvenir, avant de faire confiance à Thierry Breton, du plan NExT dont les auteurs ont été condamnés par la justice pour sa mise en œuvre. Ce plan échafaudé par Louis Pierre Wenes recruté par Thierry Breton dès sa nomination à la présidence de France Télécom était diabolique d'inhumanité. Il a conduit à une vague de suicides sans précédent dont la justice a établi pour bon nombre d'entre eux un lien avec le plan NExT. Thierry Breton a quitté l'entreprise en 2005 avant les actions en justice intentées contre la mise en œuvre du plan NExT. Il a alors été nommé ministre des finances. Il n'a pas eu à répondre de l'approbation du plan de Wenes.

Breton UE financement des infrastructures internet

Thierry Breton est un homme d'affaires et un homme politique français, actuellement commissaire européen chargé du marché intérieur de l'Union européenne. En tant que commissaire européen, Breton est chargé de superviser divers secteurs économiques et industriels de l'UE, y compris les technologies de l'information et de la communication (TIC) et les infrastructures numériques.
Breton a appelé à un financement accru des infrastructures internet en Europe, afin de renforcer la compétitivité de l'UE dans l'économie numérique mondiale. Il a proposé que l'UE

investisse massivement dans les infrastructures numériques, notamment dans la fibre optique et la 5G, afin de soutenir la transition numérique de l'Europe et de stimuler la croissance économique.

En décembre 2020, la Commission européenne a annoncé le plan "Digital Decade", qui vise à accélérer la transition numérique de l'Europe au cours de la prochaine décennie. Le plan comprend un investissement de 9 milliards d'euros pour développer la connectivité 5G, ainsi que des fonds pour la recherche et le développement dans les technologies numériques.

Breton a également appelé à un renforcement de la coopération entre les États membres de l'UE dans le domaine des infrastructures numériques, en encourageant la création de projets transfrontaliers pour développer les réseaux de fibre optique et la 5G dans toute l'Europe.

En résumé, Thierry Breton a joué un rôle clé dans la promotion d'un financement accru des infrastructures Internet en Europe, en plaidant pour un investissement massif dans la fibre optique et la 5G pour stimuler la croissance économique et renforcer la compétitivité de l'UE dans l'économie numérique mondiale.

Thierry Breton

Thierry Breton est un homme d'affaires et homme politique français qui occupe actuellement le poste de commissaire européen au marché intérieur, à l'industrie, à l'entrepreneuriat et aux PME. Il est né le 15 janvier 1955 à Paris, en France.

Breton est diplômé de l'École Polytechnique et de Télécom ParisTech. Il a débuté sa carrière dans l'industrie des télécommunications, en tant que PDG de France Télécom de 2002 à 2005. Il a ensuite été PDG de la société technologique Atos de 2008 à 2019.

En plus de sa carrière dans les affaires, Breton s'est également impliqué en politique. Il a été nommé ministre de l'Économie, des Finances et de l'Industrie du gouvernement français en 2005, poste qu'il a occupé jusqu'en 2007. Il a ensuite été membre du Parlement européen de 2009 à 2010. Breton a été nommé commissaire européen au marché intérieur, à l'industrie, à l'entrepreneuriat et aux PME en décembre 2019, au sein de la Commission européenne dirigée par la présidente Ursula von der Leyen. À ce titre, il est responsable de la promotion et de la mise en œuvre de politiques qui soutiennent la croissance et la compétitivité des entreprises européennes, en particulier des petites et moyennes entreprises.

Plan Next de France Télécom et Thierry Breton

Plan Next était un plan stratégique qui a été mis en œuvre par France Télécom (maintenant connu sous le nom d'Orange) pendant le mandat de Thierry Breton en tant que PDG de 2002 à 2005. Le plan visait à restructurer l'entreprise et à améliorer ses performances financières.

Les principaux objectifs du Plan Next étaient les suivants :

Réduire la dette : Le plan visait à réduire la dette de France Télécom en vendant des actifs non stratégiques et en mettant en œuvre des mesures de réduction des coûts.

Améliorer la rentabilité : L'entreprise visait à améliorer la rentabilité en réduisant les coûts et en augmentant les revenus, en particulier dans les secteurs du mobile et de l'Internet.

Augmenter la satisfaction de la clientèle: Le plan était axé sur l'amélioration de la satisfaction de la clientèle en améliorant la qualité du service et en élargissant les offres de l'entreprise.

Améliorer l'innovation : L'entreprise visait à améliorer ses capacités d'innovation en investissant dans la recherche et le développement et en établissant des partenariats avec d'autres entreprises.

Le Plan Next a réussi à atteindre ses objectifs. France Télécom réduit sa dette et améliore ses performances financières. L'entreprise a également élargi son offre et amélioré ses niveaux de satisfaction de la clientèle.

Cependant, le plan a également été critiqué pour ses mesures agressives de réduction des coûts, qui ont entraîné des mises à pied et l'insatisfaction des employés.

7 - Pour un internet durable et viable

Un internet durable devrait rompre progressivement à la fois avec la facturation forfaitaire des services et avec les services gratuits. Le problème d'internet ressemble comme deux gouttes d'eau a celui posé il y a plus de 40 ans par les immeubles équipés d'un chauffage central sans compteur d'eau chaude par appartement. Pour éviter le gaspillage, la législation a fini par imposer des dispositifs permettant de facturer le chauffage de chaque appartement selon sa consommation. Pour éviter le gaspillage il faut donc mesurer les flux et facturer selon leurs volumes.

L'objectif à atteindre par un internet durable serait un usage raisonnable des services internet qui permettrait à ce secteur d'être économiquement viable, c'est-à-dire sans recours systématique à des financements publics.

La généralisation de la facturation à l'usage devrait aussi permettre progressivement de faire converger les coûts et les prix ; ce qui ne peut avoir que des effets bénéfiques pour les usagers par l'accroissement de la concurrence entre opérateurs.

Mais la réalisation de ces évolutions nécessitera des investissements importants pour modifier les chaines de facturation ou mettre en œuvre les comptages dans le réseau. Les solutions techniques de comptage de flux sont complexes à mettre en œuvre et devront faire l'objet d'études qui pourraient être financées par l'UE qui devrait pouvoir ainsi mobiliser les budgets d'aides prévus en échange de l'engagement des opérateurs de réseau et FSI de mise en œuvre de ce nouveau réseau d'internet durable.

Vertus économique de la convergence des couts et des prix

La convergence des coûts et des prix est un phénomène économique qui se produit lorsque les écarts de coûts entre les différents producteurs d'un même produit diminuent et que les prix tendent à se rapprocher. Ce processus peut avoir plusieurs vertus économiques, notamment :

Une concurrence accrue : Lorsque les coûts et les prix convergent, cela peut conduire à une concurrence accrue entre les entreprises. Les entreprises qui étaient auparavant désavantagées en termes de coûts peuvent maintenant rivaliser avec les autres entreprises en offrant des prix plus bas. Cela peut conduire à une baisse des prix pour les consommateurs, ainsi qu'à une amélioration de la qualité des produits et des services.

Une meilleure allocation des ressources : Lorsque les coûts convergent, les entreprises peuvent mieux évaluer les avantages et les inconvénients de chaque stratégie de production et ainsi mieux allouer leurs ressources. Les entreprises peuvent alors se concentrer sur leurs avantages compétitifs et produire des biens et services plus efficacement, ce qui peut améliorer la productivité et la compétitivité de l'économie dans son ensemble.

Une augmentation de la croissance économique : La convergence des coûts et des prix peut également stimuler la croissance économique en créant un environnement plus favorable à l'investissement et à l'innovation. Les entreprises peuvent investir davantage dans la recherche et le développement pour améliorer la qualité de leurs produits et services et accroître leur compétitivité. Cela peut entraîner une augmentation de la productivité, de l'emploi et des revenus pour les travailleurs et les entreprises.

En résumé, la convergence des coûts et des prix peut stimuler la concurrence, améliorer l'efficacité de l'allocation des ressources et favoriser la croissance économique. Cependant, il convient de noter que cette convergence peut également entraîner des perturbations sur le marché, des licenciements dans certaines entreprises et une réduction des marges bénéficiaires pour les entreprises.

La facturation à l'usage dans le réseau internet

La facturation à l'usage dans le réseau Internet fait référence à une méthode de facturation où les utilisateurs sont facturés en fonction de l'utilisation réelle des services. Cette méthode de facturation est de plus en plus populaire pour les services Internet tels que les connexions haut débit, les services de cloud computing, les services de streaming vidéo, les services de voix sur IP (VoIP) et les services de stockage en ligne.

La facturation à l'usage peut être mise en œuvre de différentes manières, en fonction du type de service et du modèle de tarification. Par exemple, pour les services Internet haut débit, les utilisateurs peuvent être facturés en fonction de la quantité de données téléchargées ou téléversées. Pour les services de streaming vidéo, les utilisateurs peuvent être facturés en fonction du nombre d'heures de contenu regardé. Pour les services de stockage en ligne, les utilisateurs peuvent être facturés en fonction de la quantité de données stockées.

La facturation à l'usage peut être avantageuse pour les utilisateurs qui n'utilisent pas souvent les services, car ils ne paient que pour l'utilisation réelle. Cela peut également encourager les utilisateurs à être plus conscients de leur utilisation des services, ce qui peut réduire les coûts pour eux-mêmes et pour les fournisseurs de services.

Cependant, la facturation à l'usage peut également être problématique pour certains utilisateurs, en particulier pour ceux qui ont des besoins élevés en matière de données ou d'utilisation de services. Pour ces utilisateurs, les coûts peuvent devenir très élevés, ce qui peut limiter leur accès aux services.

En fin de compte, la facturation à l'usage est une méthode de facturation qui peut offrir des avantages et des inconvénients, en fonction du type de service et des besoins de l'utilisateur. Les fournisseurs de services Internet doivent donc être conscients des implications de la facturation à l'usage et doivent être transparents quant à leurs modèles de tarification pour que les utilisateurs puissent prendre des décisions éclairées sur l'utilisation des services.

facturation forfaitaire et financement des infrastructures interner

La facturation forfaitaire est un modèle de facturation dans lequel les utilisateurs paient un montant fixe pour un service donné, indépendamment de leur consommation réelle. Ce modèle de facturation est souvent utilisé dans le cadre des services Internet, tels que l'accès à Internet haut débit ou la téléphonie mobile.

En termes de financement des infrastructures Internet, la facturation forfaitaire peut offrir une certaine stabilité financière aux fournisseurs de services Internet (FSI), car ils peuvent prédire leur revenu avec plus de précision. Cela peut les aider à planifier leurs investissements à long terme dans les infrastructures Internet, tels que les réseaux à fibre optique, les stations de base mobiles, et les centres de données.

Cependant, la facturation forfaitaire peut également poser des défis pour le financement des infrastructures Internet, car elle peut ne pas refléter la consommation réelle des utilisateurs. Si les utilisateurs consomment plus de données ou de bande passante que prévu, les FSI peuvent rencontrer des difficultés pour maintenir une qualité de service élevée ou pour étendre leur réseau pour répondre à la demande croissante.

En conséquence, de nombreux FSI ont commencé à proposer des forfaits avec des limites de données ou des tarifs basés sur la consommation réelle, afin de mieux refléter les coûts réels de l'utilisation des infrastructures Internet. Cette approche peut aider à mieux aligner le financement des infrastructures Internet sur la consommation réelle des utilisateurs, mais elle peut également poser des défis pour la prévisibilité financière des FSI.

Les mécanismes de comptage de flux de données dans le réseau internet

Les mécanismes de comptage de flux de données dans le réseau Internet sont utilisés pour mesurer le trafic réseau et évaluer les performances du réseau, ainsi que pour facturer les utilisateurs selon leur utilisation. Ces mécanismes peuvent être mis en œuvre à différents niveaux du réseau, notamment au niveau des appareils, des réseaux locaux (LAN), des réseaux étendus (WAN) et des fournisseurs d'accès Internet (FAI).

Les techniques de comptage de flux de données peuvent inclure des méthodes telles que :

L'analyse de paquets : Cette méthode consiste à analyser les en-têtes des paquets de données envoyés sur le réseau pour obtenir des informations telles que les adresses IP source et destination, les protocoles utilisés et les tailles de paquets. Ces informations peuvent être utilisées pour mesurer le trafic réseau et évaluer les performances du réseau.

L'utilisation de sondes réseau : Les sondes réseau sont des appareils qui peuvent être installés à différents points du réseau pour mesurer le trafic et collecter des données sur les performances du réseau. Les données collectées peuvent être utilisées pour évaluer la qualité de service (QoS) du réseau, ainsi que pour facturer les utilisateurs en fonction de leur utilisation.

L'utilisation de compteurs de bande passante : Les compteurs de bande passante sont des outils logiciels qui peuvent être utilisés pour mesurer la quantité de données qui passe à travers une interface réseau spécifique. Ces outils peuvent être utilisés pour surveiller l'utilisation du réseau par les utilisateurs individuels ou par des applications spécifiques.

La surveillance du trafic réseau : Les outils de surveillance du trafic réseau sont des logiciels qui peuvent être utilisés pour surveiller en temps réel le trafic réseau et collecter des données sur les performances du réseau. Ces données peuvent être utilisées pour évaluer la QoS du réseau et pour diagnostiquer les problèmes de performance.

En somme, les mécanismes de comptage de flux de données dans le réseau Internet sont essentiels pour surveiller et mesurer le trafic réseau, évaluer les performances du réseau et facturer les utilisateurs selon leur utilisation.

8 - Conclusion

Internet c'est foutu ? Non ! Pas vraiment. Le titre du livre est une boutade destinée à alerter sur les risques pris par l'UE si elle poursuivait la politique actuellement menée d'encouragement de la croissance sans discernement. Il y a, à mon avis, des solutions, mais il ne faut pas se mentir, ces solutions seront difficiles car beaucoup d'acteurs du secteur trouvent leur intérêt dans la situation actuelle :

- Il y a les nostalgiques de la période hippies, les bobos pour qui la gratuité ne pose pas de problème puisque c'est gratuit c'est bien ! Généralement leur inculture économique ne leur permet pas de comprendre que tout a un coût donc devrait avoir un prix.

- Il y a les GAFA et autres acteurs de l'internet qui continuent à prospérer et à profiter ainsi des financements publics. Pour eux tout va bien ! Surtout ne rien changer !

- Il y a les opérateurs de réseau qui s'accommodent assez bien des tarifs forfaitaires tant sur le réseau fixe que mobile que sur les services internet.

- Il y a les fournisseurs de services offerts gratuitement car ils peuvent impunément chaparder des données sur leurs usagers et les revendre sans scrupules.

- Mais il y a aussi hélas le consommateur, le client final, qui lui dépense de plus en plus pour bénéficier des services dont il a de plus en plus besoin tant la pression sur lui est de plus en plus forte pour être 2.0 !

Alors il semble clair que la solution est politique dans le sens le plus noble du mot politique. Seuls des élus en charge de la défense de l'intérêt général peuvent aider les plus faibles contre les plus forts, ramener tous les acteurs à la raison et éventuellement contraindre les plus récalcitrants.

La facturation au forfait est injuste car elle fait payer à chacun un montant moyen ce qui pénalise ceux qui ont le moins de besoins souvent les mêmes que ceux qui appartiennent aux classes sociales les plus défavorisés.

Les services gratuits sont dangereux pour nos libertés car financés par l'appropriation de données utilisées sans contrôle et qui peuvent ainsi attenter aux valeurs fondamentales de notre société.

Table des matières